Renate

als freundliche

Erinnerung

an

G). + L. Kessler

- Do. 13.8.1981 -

Trotz alledem

Verschenktexte von Kristiane Allert-Wybranietz

mit Illustrationen von
Swami Prem Joshua,
Swami Pritam und Klaus Wolf
sowie einem Vorwort von
Heinz Körner

amp-verlag

© 1980 amp-verlag Lucy Körner
Postfach 1106, 7012 Fellbach
Alle Rechte vorbehalten.
1. Auflage Oktober 1980
2. Auflage Dezember 1980
3. Auflage März 1981

Illustrationen: Swami Prem Joshua, Swami Pritam und Klaus Wolf.
Titel: Swami Prem Joshua.
Layout: Heinz Körner.
Satz: Renate Scheuerle (G. Seiz, Kernen i. R.)
Herstellung: J. F. Steinkopf Druck+Buch GmbH, Stuttgart

ISBN 3-922028-02-0

VORWORT

Gedichte waren für mich meist ein Greuel. Entweder haben sie mich an die endlosen Verse erinnert, die ich in der Schule auswendig lernen mußte, oder ich hatte einfach kein Empfinden dafür. Oft versuchte ich, preisgekrönte Lyrik zu lesen, und meistens begriff ich nichts, aber auch gar nichts. Ich schaffte einfach nicht, bei scheinbar sinnlosen, aber sprachästhetisch sicher wertvollen Wortreihen Positives zu empfinden.

Und dann flatterten mir eines Tages die Verschenk-Texte von Kristiane Allert-Wybranietz ins Haus. Wie immer bei Gedichten, wagte ich mich nur behutsam an die Lektüre. Doch einmal angefangen, konnte ich nicht mehr aufhören. Das war's! Das verstehe ich unter Gedichten! All meine Vorurteile über moderne Lyrik wurden über den Haufen geworfen. Diese Texte haben mich getroffen, in mir etwas angerührt, haben mir Entzücken bereitet. Einfach, ungemein genau beobachtet und treffend formuliert, anregend für Kopf und Bauch und zu alledem auch noch wunderschön. Doch am wichtigsten für mich ist noch immer, daß diese Gedichte keine nichtssagenden Sprachspielereien sind, sondern in ihrer Aussage für jeden verständlich, auch für Leute wie mich, denen Gedichte doch immer ein Greuel waren.

Eine Besonderheit darf ich noch erwähnen: ,,Verschenk-Texte" nennt die Autorin ihre Gedichte, weil sie bisher ihre Texte wirklich verschenkt hatte. Dieses Buch ist ein kommerzielles Projekt, wird also nicht verschenkt und läuft deshalb der eigentlichen Absicht von Kristiane Allert-Wybranietz etwas entgegen. Immerhin — es ist zum Verschenken mehr als geeignet, weshalb der Begriff ,,Verschenktexte" in dieser leicht veränderten Form stehen bleibt.

Die ursprünglichen „Verschenk-Texte" werden von Kristiane Allert-Wybranietz weiter herausgegeben und verschenkt. Wir haben also noch eine Menge guter Gedichte von ihr zu erwarten. Freuen wir uns darauf!

Fellbach, im August 1980   Heinz Körner

Auf dem Friedhof
sehe ich Gräber,
schön gepflegt
mit Blumen und Sträuchern.

Laßt mein Grab
verwildern
und gebt mir zu
Lebzeiten die Blumen.

VOM LEBEN

Was wir brauchen,
um glücklich zu leben,
ist wenig.

Aber wir
steigern
die Bedingungen
für Glück
ins Endlose
und beklagen
unser Unglück.

VOM STERBEN

Manche sterben durch Unfall.
Manche sterben durch Krankheit.
Manche sterben durch Gewalt.
Manche sterben an Altersschwäche.
Manche sterben durch ihre eigene Hand.

Viele sterben an Lieblosigkeit —
das ist der schlimmste Tod,
weil man danach noch weiter lebt.

UMWELTBEDINGUNGEN

Ein Reh
springt munter
zwischen Bäumen umher.
Das ist seine Welt,
sie ist ihm vertraut
und bietet ihm Schutz.

Ein Kind
springt fröhlich
auf den Straßen umher...

Tatütata – Tatütata –

FÜR MEINE ELTERN

So manches Jahr ist
euch schon ins Gesicht
gezeichnet,
und Sorgenstifte führten
harte Linien;
doch auch weiche Linien
zeichneten die Freude
und die Liebe.

Ich bin nun „groß"
und renne längst
durch meine eigne Welt.

Doch manchmal drehte ich
zu gern die Zeit zurück,
um wieder deine Hand zu nehmen, Pee,
und auch in dunkelsten Ecken
sicher zu gehen.

Doch manchmal drehte ich
zu gern die Zeit zurück,
um schnell mein Lachen
wieder zu finden, Em,
wenn du mir erklärtest,
das verstehst du später.

Ich bin nun „groß"
und renne längst
durch meine eigne Welt.

Und da nimmt mich
manchmal die Angst
an die Hand,
und ich erlebe Dinge,
die ich auch heute
noch nicht verstehen kann.

MORAL

Gefühle
sollen durch Regeln
geordnet werden,
getrennt wie Messer
Löffel
Gabel
im Besteckkasten.

EINSAMKEIT

Einsam fühle ich mich dann,
wenn ich eine Hand suche
und nur
Fäuste
finde.

VERKLEIDUNG

Wenn wir unsere Körper verhüllen,
damit wir nicht frieren,
kann ich das verstehen.

Warum aber verhüllen wir unsere Gefühle,
auch wenn wir spüren,
daß es dadurch kälter wird?

Jeder ist ein
Stückchen Gold.

Nur zu viele
lassen sich prägen
und formen
zu einer schönen, sauberen, runden
Münze.

Dadurch geht immer mehr
ihre Ursprünglichkeit verloren.

EIN LIEBESGEDICHT

Ich möchte dir
eine Blume sein,
die es nicht gibt.

> *Immer schön.*
> *Immer duftend.*
> *Immer frisch.*
> *Jedem Wind und Wetter*
> *zum Trotz.*

Doch stehe ich oft da
mit zerzausten Blütenblättern,
lasse manchmal den Kopf hängen
und werde auch
verwelken.

UND DU MAGST MICH SO.

AN EINEN DEN ICH MAG

Du bist für mich
eine Blume,
die ich betrachten möchte
— ganz nah —.
Eine Blume,
an deren Duft ich mich
— zuweilen —
auch berauschen möchte.

Doch ich will dich
nicht brechen,
nicht in eine Vase stellen,

denn du wächst
nicht
in meinem Garten.

IM GEGENTEIL

Sie sehen meine Kleidung.
Sie sehen meine Haare.
Sie sehen meine Wohnung.

Und sie bilden sich
ein   URTEIL,
beVOR   sie einen Blick
in mich geworfen haben.

Ein solches Urteil
zwingt mich zu lächeln,
nicht in die Knie.

MENSCHENKENNTNIS

Ich zog einen Sommerrock an,
eine adrette Bluse,
lockte mir die Haare
und schminkte mich dezent.
Da war ich eine junge Dame
— vielversprechend und angenehm.

Ich zog Lederhose an,
T-Shirt und Weste,
ließ die Haare
verwuschelt im Wind.
Da war ich eine Rockerbraut
— eine von den „Verlorenen".

Ich zog einen Schlitzrock an
und ein tiefes Dekolleté,
hochhackige Schuhe
und schminkte mich grell.
Da war ich eine Prostituierte
— eine von denen.

Ich zog einen langen Rock an,
eine weite Bluse darüber,
steckte mir eine Blume
in mein wildes Haar.
Da war ich ein Hippiemädchen
— eine die nicht arbeitet.

Ich zog ein Sommerkleid an,
nach der neuesten Mode,
trug die Haare nett frisiert
und nahm einen Kinderwagen mit.
Da war ich eine junge Mutter
— MANCHE WISSEN'S EBEN GANZ GENAU!

VERLIEBT

Deine Worte,
deine Gesten
fallen
in mein Herz
wie Samenkörner.

Und ich
spüre es
in meinem Herzen
wachsen.

VERSCHWIEGEN
(FÜR K.)

Ich weiß nicht,
ob es Spaß war
oder Ernst,
als du fragtest,
ob ich auch in der Nacht von dir träume.

Als ich verneinte,
hab ich
nicht gelogen,
wenngleich ich für mich behielt,
daß ich fast jeden Tag von dir träume.

LOSLASSEN

*Wir wollten uns
nicht wieder loslassen,
als wir uns umarmten.*

*Und doch lösten wir
unsere Hände,
unsere Lippen
voneinander.*

*Aber das heißt ja
noch lange nicht
losgelassen.*

ÜBER EINE ZWEIERBEZIEHUNG
(FÜR VOLKER)

*Ich wollte
dich fesseln,
und wußte doch,
daß Gefangene
ihren Wächter nicht lieben.*

*So habe ich
die Bänder gelöst,
und spüre nun,
wie gut es ist,
wenn keine Fesseln
an einer Liebe scheuern.*

BEZIEHUNGEN

Es gibt Beziehungen,
die sind wie
schöne, frische Frühlingsblumen.

Hast du schon mal versucht,
eine Tulpe zu pressen?
Sie verliert Farbe und Form,
wird ausdruckslos und trocken.

Und es gibt Beziehungen,
die sind wie
Gräser.

Gräser halten sich auch
im Winter, und wenn man sie
richtig betrachtet,
sind sie wunderschön.

KONFUS

Manchmal fahren meine
Gefühle mit mir davon,
so als wären sie
ein Rudel Schlittenhunde,
das sich nicht
über die Richtung
einigen kann.

Ich sitze auf meinem
Schlitten
und komme nirgends an.

AUSRADIERT ?

Ich habe eben
deine Telefonnummer
aus meinem Notizbuch radiert.

Jetzt suche ich
im Branchenfernsprechbuch
nach jemandem,
der Radiergummis anbietet,
mit denen man
Gefühle ausradieren kann.

SOZIALISATION
ODER
ICH HÄTTE DICH GERNE UMARMT

Legt man
frühzeitig
die Saat
von Unsicherheit
und Hemmung
im Menschen aus,

bedarf es
später
keiner Fesseln,
ihm die Hände zu binden.

MIT LOGIK IST HIER
NICHTS ZU MACHEN

Jeder weiß,
daß die Bevölkerungsdichte
stetig zunimmt
und der Raum enger wird.

Wir müßten uns immer näher kommen.

Und doch
habe ich das Empfinden,
daß die Menschen
sich zunehmend weiter
voneinander entfernen.

SONDERANGEBOT

Ausgeräumt!
Träume zu Spottpreisen
finden Sie in meiner
Traumabteilung.

Ausgeträumt!
Träume rentieren
sich nicht mehr.
Die Realität hat mich eingeholt.

NICHT GANZ SO ROMANTISCHE ROMANZE

Laß unsere Worte vorüberziehen.
Laß unsere Spiele verblassen.
Laß alles vorbei, was laut ist.

Wieviel sagt die Stille,
wenn wir uns
ganz sanft berühren!

Stille hat nur einen Nachteil:
Sie kann auf viele Arten verstanden oder
mißverstanden werden.

RECHNUNG

Der Mensch ist
an sich
ein einfacher Bruch.

Leider
wurde an manchem
schon so viel
gekürzt,
daß sein Dasein
nun nicht mehr aufgeht.

MÖBLIERTES ZIMMER

Jeder Tag ist
wie ein
leerer Raum.

Zwar
ist die Gestaltung
uns überlassen,
doch
sind zu oft
die Möbel bereits vorbestimmt.

ZUGFAHRT

Manchmal ist das Leben wie eine Zugfahrt:
Du schaust aus dem Fenster,
möchtest den Duft der Wälder aufnehmen,
die Blumen pflücken, die an dir vorbei fliegen.
Doch du sitzt im Zug.

Wenn du so fühlst, solltest du
an der nächsten Haltestelle aussteigen,
auch wenn deine Fahrkarte auf ein anderes Ziel lautet.

Ein gutes Wort,
eine nette Geste . . .

. . . ein Schritt
weiter ins helle Feld der
Menschlichkeit.

Einmal auseinandersetzen in ruhigem Gespräch.
Nicht einander zusetzen im Streit . . .

. . . ein Takt
mehr in die
Friedensmelodie.

Einmal etwas mehr geben,
ein wenig verzichten . . .

. . . ein Licht
mehr in der dunklen
Gerechtigkeitsecke.

Einmal mehr versuchen,
zu verstehen . . .

. . . ein Grad plus
weiter fort vom
Gefrierpunkt des Liebesthermometers.

Einmal mit offenen Augen
durch die Welt gehen,
sehen, daß es noch andere
und anderes gibt.

UND DU SAGST, DU KANNST NICHTS TUN!

UNSICHERHEIT

Ich möchte dir was Liebes sagen,
und bin ironisch
oder total sachlich.
. . . Ich bin unsicher.

Ich möchte dich ganz fest umarmen,
und berühre dich
nur flüchtig.
. . . Ich bin unsicher.

Ich vermittle das Gefühl,
eine Wolke zu sein,
und läßt du dich fallen,
prallst du auf Stein.

Ich wär so gern die Wolke, aber
. . . ich bin unsicher.

DEUTSCHLAND 1980 –
EINE MOMENTAUFNAHME

22 Uhr 30.
Ich möchte jetzt spazieren gehen.
Allein. In der Nacht.
Den Regen spüren,
der am Fenster lockt.

Nur –
wohin soll ich jetzt gehen?
Allein? Ohne Angst?
Als Frau, 1980
in Deutschland?

SECHS UHR NACHRICHTEN

In Mozambique
sind etwa
einhundert Flüchtlinge
ums Leben gekommen,
überwiegend Kinder,
meldet das Radio.

Ich höre
diese Nachricht
mit nicht mehr Emotionen
wie den nachfolgenden
Wetterbericht
und frühstücke weiter.

MENSCH–ÄRGERE–DICH–NICHT. . .

*Wer Glück hat,
hohe Punkte und vielleicht
gut mogeln kann,
gewinnt meistens.*

*Wer stets rausgeschmissen wird,
weil er anderen im Weg ist,
die siegen wollen,
gewinnt wahrscheinlich nicht.*

*Und wenn er noch so
ehrlich spielt.*

. . . IST EIN GESELLSCHAFTSSPIEL

WINTERNACHT AM FENSTER

Draußen
träumt der Schnee
auf Altstadtdächern,
Stille. Weich.

In mir zerrt der Sturm
an jungen Mauern.
Aufruhr. Hart.

Der Schnee wird schmelzen.
Der Sturm in mir
darf sich nie legen.

ÜBER DIE LIEBE

Wir brauchten wenig,
wenn wir Liebe hätten.

Nicht die Liebe,
die wir mit Ringen und
roten Rosen
auszudrücken meinen.

Nein,
Liebe, die sich
überträgt,
ohne Worte,
wie ein Lächeln im Wind.

NACHTRAG ZU EINEM GESPRÄCH

Du sagtest,
du fändest das
gar nicht witzig,
als ich lachte.

Hast du nicht gefühlt,
daß dieses Lachen
nur Make-up
für meine Tränen war?

AN EINE FREUNDIN

Wenn für mich
alle Kerzen des Mutes
verlöschen,
dann bist
sicher du es,
die mir ein
Streichholz gibt,
um ein Hoffnungslicht
— wenigstens —
wieder entzünden
zu können.

KLEINES STATEMENT

Hineinfließen
in die Formen,
die sich stellen.
Sich aber nicht
formen lassen
und auf keinen Fall
erhärten.

Das wäre
Leben
für mich.

Ich sitze hier und denke,
daß in dieser Küche, an diesem Tisch
schon viele Menschen gesessen haben
und wieder sitzen werden.

Ich denke weiter,
daß sie mir leid tun,
die in ihren ,,verschlossenen" Wohnzimmern sitzen
an blitzend sauberen Tischen
in ihrer Ein- bis Zweisamkeit.

IN DEN EIGENEN VIER WÄNDEN

Die Lüge scheint aus jeder Lampe.
Die Langeweile kuschelt sich ins Bett.
Die Gewöhnung sitzt lässig im Wohnzimmersessel,
und aus dem Wasserhahn tropft Monotonie.

Die Wände sind oft mit Unfreiheit tapeziert.
Der Streitgeist sitzt im Gummibaum.
Und auf dem Herd wird immer wieder
die gleiche Suppe aufgekocht.

Liebe Worte klingen nicht viel öfter
als die Türglocke, wenn sie mal läutet
und die Melodie der Isolation spielt:

. . . . . MUSS LIEBE SO ENDEN . . . . .

MARIONETTENTANZ

Wenn ich euch so betrachte

— wie ihr hinter Besitz und Ruhm herrennt,
  nach Ansehen und Aussehen strebt,

— wie ihr euch versteckt, eure Gedanken und
  Wünsche tarnt in farblosem Gerede über dies und das,

— wie ihr eure ehrliche Meinung und eure Fehler
  in glänzendes Geschenkpapier verpackt
  (wehe — einer reißt die Verpackung auf!)

— wie ihr nicht aussprechen könnt
  und nicht wissen wollt, was in euch ist,

dann meine ich manchmal,
ich sehe einem Marionettentanz zu,
bin glücklich, Zuschauer zu sein
und frage mich,
wer läßt die Marionetten tanzen?

Die Veilchen sind erfroren.
Sie hofften auf den Frühling,
daß er ihnen
Wärme und Licht gibt,
die sie zum
Leben brauchen.

Ein Mensch ist erfroren.
Er hoffte auf uns,
daß wir ihm
Liebe und Wärme geben,
die er zum
Leben
gebraucht hätte.

ZWEIERBEZIEHUNG

Immer mehr
legen
ihre Gefühle
in die
Tiefkühltruhe.
Ob sie glauben,
dadurch
die Haltbarkeit
zu verlängern?

PRIVATWEG

Auch die Liebe
ist heute
privat geworden.
Vielleicht
bringt sie
zu wenig Rendite?
Hinterlassen
deshalb
so viele Menschen
den Eindruck
,,Betreten verboten?''

SCHEINFREUNDSCHAFT

Du bist gekommen
und wir legten unsere
Freundschaften zusammen.

Du stecktest meine ein
wie einen Geldschein.

Unsere Freundschaft —
ein Gutschein,
den du hervor holst,
wenn du etwas willst?
Sonst nichts?

Ab heute
bleibt mein Schalter
geschlossen!

SO NAIV

Als du fortgingst,
rief ich dir nach:
Du hast mir
Liebe geschworen;
nun beweise, daß du
nicht gelogen hast.

Am nächsten Tag
schicktest du mir Rosen
durch Fleurop.
Der Bote überschüttete mich
mit Dutzenden.

Ihre Dornen haben mich
verletzt,
sonst nichts.

MUTLOS ?

1. Auswegslos

Wenn du sagst,
es gibt
keinen Weg mehr für dich,
so irrst du dich.

Es mag sein,
daß da
kein Weg zu sehen ist,
aber du kannst
dir immer noch einen bahnen.

2. Tu was

Du kommst
nirgendwo an,
wenn du
nicht los gehst.

Dir öffnet sich
keine Tür,
wenn du nicht anklopfst,
— wenn du auch
tausendmal davon sprichst.

TU WAS !

NICHT ANGEKOMMEN
(TRILOGIE FÜR EINEN
DER NICHT MEHR FÜHLEN KANN)

1.
Gute Gefühle
wollte ich dir geben,
wolkenweiß,
doch du hast sie genommen
und nicht verstanden,
hast sie in den Kohletopf geworfen.
Da stehe ich nun
leicht angeschwärzt.

2.
Meine Worte und Briefe
sandte ich dir in guter Absicht.
Du empfingst sie,
als wären es Geschosse.
Aus deinem Panzer heraus schießt du nun zurück.
Ich bin schwer verletzt,
aber ich werde mich erholen,
genesen und l e b e n —
was du in deinem Schutzhaus bald nicht mehr kannst.

3.
Das Eis,
auf dem unsere Beziehung lebte,
ist nun aufgebrochen.
Ich habe es aufgehackt,
um mich bald wieder
fröhlich in dem Wasser tummeln zu können,
das du mir abdrehtest.

Einmal schon habe ich
das kleine Loch im Eis
wieder zufrieren lassen,
weil von dir ein Sonnenstrahl auszugehen schien.
Jetzt ist der Frost endgültig vorbei!

NICHT AUSGELEBT
(TRILOGIE FÜR B.)

1.
Da sitzen wir wieder nebeneinander,
und ich spüre deine Nähe
als Aufforderung,
den Tanz erneut zu beginnen.

Ich sage dir ein paar Worte
und gehe fort,
bevor die Musik einsetzen wird,
— sie hat ohnehin immer falsch gespielt.

2.
Ich habe dir nicht
alle Worte zugeworfen,
die ich in meinem Ballnetz hatte,
als ich zu dir kam.

Die ich zurückbehalten habe
— es waren wohl die wichtigsten —
legte ich zuhause in die Kühltruhe,

obwohl ich keine Hoffnung habe,
sie auftauen zu müssen.

3.
*Ich weiß, wir könnten mehr
miteinander machen, mehr
füreinander empfinden.*

*Es ist nicht nur die Zeit,
die zwischen uns wohnt
— so wie wir immer sagen —.*

*Dort hat der Zweifel seine Hütte,
die Angst ihr Haus,
dazwischen ist die Mauer Sicherheit.*

*Und es gibt einen Park,
in dem die Fragezeichenbäume und
Bequemlichkeitsblumen wachsen.*

AUSGESCHLOSSEN

Vieles
in meinem Leben
schließe ich aus —
finde so
nicht den Mut,
es zu beginnen.

ZUNEIGUNG

Ich möchte zu dir fliegen,
doch meine Propeller sind zerbrochen
an den Felsen der Angst.

Ich möchte dein Herz finden,
doch irre ich umher
in den Nebelbänken der Unsicherheit.

Ich möchte dich streicheln,
aber ich habe keine Landeerlaubnis;
die Hemmungen im Tower geben
die Landebahn nicht frei.

Wenn ich eines Tages doch ankomme,
will ich dir Liebe und Wärme geben.

Werde ich dann schon zu kalt sein,
durchgefroren vom scharfen Wind der
Enttäuschung?

SPRICH MIT DEN REISENDEN

Es gibt Haltestellen
im Leben,
da braucht man dringend
die Hilfe der Mitreisenden,
die einen hindern müssen,
auszusteigen.

Allein kann man dem Reiz,
den Strapazen der Weiterfahrt
zu entkommen,
dann kaum widerstehen.

Und wenn ich mir
die steigenden Selbstmordraten
anschaue,
glaube ich,
daß sehr viele einsam reisen,
obwohl der Zug doch immer voller wird.
SPRICH MIT DEN REISENDEN!

LANGE NICHT GESEHEN

Schön, dich wiederzusehen,
wollte ich sagen.
Doch du hieltest mir die Zeit,
die wir uns nicht gesehen haben,
hin wie eine Lanze,
so daß mein Arm nicht deine Schulter,
mein Mund nicht deine Wange berührte.
Durch die Glasscheibe Distanz
sagte ich ganz steril:
Wie geht es dir?

HILFLOSIGKEIT
MACHT MANCHMAL IRONISCH

Der Durst nach Liebe,
der Hunger nach Zärtlichkeit,
die Sehnsucht nach Geborgenheit,
wie einfach
wäre das alles zu stillen,
könnte man literweise Liebe kaufen
und stückchenweise Zärtlichkeit,
und drei Wochen Geborgenheit buchen.

Wie einfach
wäre das alles zu stillen,
würden wir mehr Zeit
und mehr Verständnis
füreinander haben.

Vor der Dunkelheit
habe ich Angst
Ich fürchte die Nacht.
Ich fürchte
die Dunkelheit
in euren Herzen.

Ich hoffe auf den Morgen,
wenn die Sonne aufgeht
am Horizont.
Ich kämpfe für den Tag,
an dem die Sonne aufgeht,
und Liebe einzieht
in alle Herzen.

EIN FROHES LIEBESGEDICHT

Ich hab dich lieb
und doch muß ich manchmal
von dir fortgehen.
Und du weißt ja selber,
daß auch du nicht stets
nur bei mir bleiben kannst.

Es ist immer ein Abschied,
aber niemals ein Verlassen.

Es ist immer ein Wiedersehn,
aber niemals ein Zurückkommen.

Ich hab dich lieb
und möchte mir dir
l e b e n . . . l i e b e n
und nicht im Wechselspiel
aneinander rumkürzen,
zerstören und streiten.

AN EINE FRÜHE LIEBE
DIE NIE GANZ ERLOSCHEN IST

Unsere Liebe
ist wie ein Saatkorn,
das keimt
auf dem Boden
des Zusammenseins.

Sehen wir uns
deshalb so selten,
weil wir nicht wissen,
wie wir
die junge Pflanze pflegen sollen?

GLÜCKLICH

Sanft bricht das Eis
am Seeufer.
Viele tausend Splitter klingen
wie Musik.

Die Sonne
hat einen Glitzerschal
über das Wasser geworfen.

Wir sitzen am Ufer
inmitten von Birken,
die schon ein Versprechen
vom Frühling tragen.

Du umarmst mich.
Ich habe das Gefühl,
dein Gesicht ist Sonne.

ALLEIN NACH
SCHÖNER ZEIT
(FÜR W.)

Vorüber gezogen
sind die Stunden
mit dir.
Sie waren
warm und weich.

Jetzt tickt die Uhr
härter als je zuvor,
denn in jedem Schlag
liegt
Sehnsucht nach
Wiederkehr.

DAS BLÜMCHEN LIEBE
(FÜR D.)

Gefühle können welken.
Du stehst da
und gießt
mit dem gleichen Dünger,
durch den die Pflanze
einst so prächtig gedieh.

Jetzt vertrocknet,
obwohl
(oder gerade weil)
du die Dosis erhöhst,
ein Blatt nach dem anderen.

REINE HANDARBEIT

Wir stricken unser Leben.

Manche wählen ein kompliziertes Muster,
andere ein schlichtes.
Es ist ein buntes Maschenwerk
oder ein Stück in tristen Farben.

Nicht immer können wir
die Farbe selber wählen;
und auch die Qualität der Wolle wechselt,
mal weiß und wolkenflauschig,
mal kratzig und hart.

Die einen stricken liebevoll und sorgsam,
andere mühevoll und ungern.
Und so manchmal schmeißt einer
das Strickzeug in die Ecke.

Und öfters läßt du eine Masche fallen,
oder sie fällt ohne dein Zutun.
Du hast die Nadeln in der Hand!
Du kannst das Muster wechseln,
die Technik oder das Werkzeug.

Nur aufribbeln
kannst du nicht
ein klitzekleines Stück.

EINSAMKEIT POSITIV

Die Sonne fällt am Himmel,
buntes Himmelslicht,
Abendvogelgesang,
allein
im Gras.

IN DEINER HAND

Du streichelst mein Haar.
Ich spüre deine Hand
und in mir
wird ein Gefühl stark:

Mich ganz einzukuscheln
in diese Hand,
darin liegen und geborgen sein,
ohne Angst,
du könntest sie
zu fest zusammen drücken
oder zum Wegwerfen öffnen.

GLASPERLENSPIEL

Zwei Glasmurmeln
aus dem Kinderspiel
in einem Weinglas
— ganz zart und dünn —
so schön verziert und
so zerbrechlich.

Das sind wir,
das ist unsere Gemeinschaft,
aus der wir trinken
den süßen und den bitteren Wein.

(Vielleicht sollten wir eine
Glasbruchversicherung abschließen?)

VERSTÄNDIGUNG

Wir sitzen in der Runde
und tischen unsere Worte auf.

Der eine mag nichts Fettes.
Der andere schlingt alles in sich hinein,
ohne zu schmecken.
Ein dritter kann nichts Hartes beißen.
Ein anderer wieder achtet auf
kalorienarme Kost.

Da brauche ich mich nicht zu wundern,
wenn ich mißverstanden werde.

RÜCKBLICKEND

Als wir früher
Verstecken spielten,
dachten wir nicht daran,
daß dies eine Vorübung sein könnte.
Wir hatten Spaß an dem Spiel,
das heute Ernst geworden ist
und soviel Wut und Leid erzeugt.

So mancher buckt noch immer
und rennt umher
und sucht.

Andere haben sich so gut versteckt,
daß sie sich selbst
nicht mehr finden.

GEFÜHLE

Man sagte mir, alle Gefühle seien
weiß oder schwarz oder dazwischen,
also grau.

Aber es kamen gelbe dazu,
rote, violette,
braune und sogar zweifarbige.

Ich war ratlos, bis ich erfuhr,
daß die meisten Menschen
ihre farbigen Gefühle verdrängen,
so daß nur schwarz und weiß und grau
verbleiben kann.

Ich spüre aber, daß ich
mit einer ganzen Farbpalette
bunter malen kann
als nur mit einem Bleistift.

SICH SELBST IM WEG

Es gibt Stunden, Tage,
da stehst du dir
selbst im Weg
wie eine Schranke.

Doch du gehst nicht
beiseite,
nicht einen Schritt,
um dich durchzulassen,

weil du nicht siehst,
daß du selbst
die Schranke bist,
die dir Einhalt gebietet.

Zu häufig suchen wir
woanders
nach den
Wegversperrern.

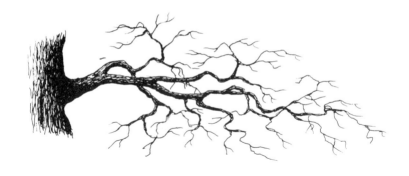

SPÄTER

Viele leben so dahin,
als wären sie unsterblich.
Und wenn sie in ein paar Jahren
zu alt und zu schwach sind,
noch das zu leben, was sie hofften,
dann schweigen sie
mit leeren Augen und zerknitterter Haut
den Träumen nach,
die sie hätten leben können,
wenn sie nicht auf ein
Später
vertraut hätten.

Es erschreckt mich,
so viele junge Menschen zu kennen,
deren Haut noch glatt ist wie Samt,
deren Augen aber schon geleert sind
fast bis zur Neige.

MENSCHENLEBEN
UND
BEZIEHUNGEN

sind
wie Blätter,
die
lautlos fallen.

Du kannst
sie nicht
anhalten
auf ihrem Weg.

ERINNERUNGEN
UND GRABSTEINE

sind
wie
gepreßtes
Herbstlaub.

Aber wenn wir
unsere Stühle hochklappen,
wenn die Erinnerungen
am Boden liegen,
ein paar noch auf dem Tisch,
wie trockenes Kastanienlaub,
werden wir uns dann sagen,
wir hätten
mehr nehmen können
vom reichgedeckten Tisch?
Mehr vom Schatten der Bäume,
deren Äste
jetzt kahl
in den klaren Himmel ragen?

Kristiane Allert-Wybranietz

geboren am 6.11.1955, lebt in Rinteln (Anschrift: Bäcker-
straße 9, 3260 Rinteln). Sie ist Mitglied im Deutschen
Autoren-Verband. Seit 1973 schreibt sie und hat bisher in
verschiedenen Zeitschriften und Anthologien veröffentlicht.
Seit etwa zwei Jahren gibt sie die VERSCHENK – TEXTE
heraus, die von ihr gratis verteilt und verschickt, eben v e r -
s c h e n k t werden. Da sie ihre Gedichte als Mittel zur
Kommunikation versteht, freut sie sich über Reaktionen von
Lesern. Sie selber sagt über dieses Buch und auf die Frage,
warum sie schreibt:

Als ich 1973 begann, Gedichte und Texte zu schreiben,
tat ich es wohl nur aus dem einen Grunde: – Es war mein
Weg, Erlebtes, Erfahrenes und Probleme aufzuarbeiten.
Ich glaube, was ich erlebe, was mir als Problem erscheint,
begegnet vielen Menschen ähnlich.
Wenn man mich fragt, warum ich schreibe u n d veröffent-
liche, so kann ich darauf nur sagen, – selbst auf die Gefahr
der Hochstapelei – daß ich etwas mitteilen möchte; daß ich
wünsche und hoffe, der Leser möge sich in der Aussage
wiedererkennen; daß die Texte zum Nachdenken (und
Handeln?!) anregen und Mut machen.
Schreiben ist für mich ein Mittel der Kommunikation, das
für jeden, auch für den, der schwer Zugang zu Gedichten hat,
verständlich sein sollte.
An dieser Stelle möchte ich dem amp-verlag danken, daß er
das Erscheinen dieses Buches ermöglicht hat.

Heinz Körner

Jahrgang 1947, lebt in Fellbach bei Stuttgart. Autor des Alternativ-Sellers JOHANNES und Herausgeber der Buchreihe EIN LESEBUCH FÜR ERWACHSENE (EIFERSUCHT, HEROIN).

Swami Pritam
und
Swami Prem Joshua

beide Jahrgang 1958, leben in einer Wohngemeinschaft in Fellbach bei Stuttgart. Sie haben gemeinsam ausgedehnte Studienreisen in den Nahen und Fernen Osten unternommen und dabei die islamische, hinduistische und buddhistische Malerei studiert. Im Rahmen einer längeren Indien-Reise besuchten sie eine tibetanische Schule für Thangka-Malerei und die Rajneesh-University in Poona. Besonders hervorgetreten sind sie bislang durch die künstlerische Ausgestaltung des Fellbacher Jugendhauses und einer Schule sowie durch die Herausgabe des ALMANACH, einem Kalender junger Fellbacher Künstler.

Klaus Wolf

1955 geboren, lebt in Rinteln. Er ist Schlosser und arbeitet in seinem Beruf. Zeichnen und Malen sind Hobbys von ihm.

Weitere Texte von
Kristiane Allert-Wybranietz
finden Sie in:

Heinz Körner (Herausgeber):

Heroin

Die süchtige Gesellschaft

mit Beiträgen von Kristiane Allert-Wybranietz, Gerhard Edel, Bri-
gitte Kohnz, Alexander J. Müller, Michael Rommelspacher sowie
einem Interview von Christof Theis mit Christiane F. („Wir Kinder
vom Bahnhof Zoo"). 168 Seiten, 18,– DM inkl. 1,– DM Spende für
Therapie.

● amp-verlag Lucy Körner ●
Postfach 1106, 7012 Fellbach